Schürzen nähen

Mit leckeren Rezepten von Dr. Oetker

OZcreativ

Ein Stück Zuhause

Küchen sind ein magischer Ort, und Schürzen waren schon immer ein Teil davon. In ihnen stecken die Gerüche unserer Kindheit – nach Griesbrei mit Apfelmus oder genaschtem Kuchenteig –, die Reste unserer ersten Sauce Bernaise, aber auch Wortfetzen spontaner Gespräche und das Echo von Partygelächter. Das Buch führt sie nun alle zusammen: Schürzen aller Art, für Sie, für Ihn, für Ihre Großen und Ihre Kleinen, für Ihre ganze Familie.

Viele Schürzen sind mittlerweile über die Küche hinaus zu einem wichtigen Heimaccessoire geworden. So finden sich neben den unterschiedlichen Kochschürzen auch Garten-, Cocktail- oder Grillschürzen. Zu jeder Schürze gesellt sich ein passender Helfer – ein Topflappen, Geschirrhandtuch, Brotkorb oder Rezeptbüchlein. Und damit sich die Seiten dieses Büchleins schnell füllen, empfiehlt Dr. Oetker zu jeder Schürze ein feines Koch- oder Backrezept.

Nähen, kochen und genießen Sie. Wir wünschen Ihnen viel Spaß dabei.

Ihre Autorinnen

Inhalt

6	**Kochen macht Laune** Farbenfrohe Schürze · Brotkorb *Johannisbeer-Himbeergelee mit Rotwein*	34	**Meeresbrise** Maritime Schürze · Ofenhandschuh *Lachs in Zitronen-Dill-Sauce*
10	**Schwalben-Sommer** Leinen-Schürze mit Spitze · Lavendelsäckchen *Sahniger Erdbeer-Grießbrei*	38	**Ich bin dann mal draußen** Gartenschürze · Gartentasche *Crème-fraîche-Dip mit getrockneten Tomaten*
14	**Gestern ist heute** Retro-Halbschürze · Allzweckbeutel *Ananas-Halbgefrorenes*	42	**Mein Mann kann** Grillschürze · Grillhandschuh *Chili-Soja-Marinade*
18	**Meine kleine Küche** Schürze mit Herz · Herztopflappen *Waffeln mit Himbeer-Orangen-Grütze*	46	**Rosige Zeiten** Schürze im Landhausstil · Tischläufer *Himbeer-Rosmarin-Creme*
22	**Shabby Chic** Galante Schürze · Geschirrhandtuch *Pasta mit Schinken-Pilz-Soße*	50	**Happy Hour** Cocktailschürze · Cocktail-Untersetzer *Cocktail Hugo*
26	**Es war einmal eine Hose** Jeansschürze · Tischset *Vanille-Eis mit heißen Mangos*	54	**Ein Fall für zwei** Partner-Bistroschürzen · Bandanas *Pizza-Chorizospieße*
30	**Junges Gemüse** Kinderschürzen · Kochmütze und Kopftuch *Hanseaten*	58	**Satt und glücklich** Halbschürze mit Herz · Lieblingsrezepte-Leporello *Baguette-Salat*

Kochen macht Laune
Farbenfrohe Schürze

Vorlagen und Schemazeichnung: Bogen A

Material

- Baumwollstoffe, ca. 110 cm breit:
  120 cm Stoff in Türkis mit Blumen
  50 cm Stoff in Weiß-Türkis gepunktet
  55 cm Stoff in Weiß-Türkis kariert
  ca. 8 x 8 cm in Rot-Weiß gepunktet
- 30 cm Rüschenborte in Rot-Weiß
- 120 cm Zackenlitze in Rot
- 1 Yo-Yo-Maker (30 mm)

Zuschneiden

Zuschnittmaße inkl. 1 cm Nahtzugabe.
Die Vorlagen enthalten keine Nahtzugabe, beim Zuschnitt 1 cm Nahtzugabe hinzugeben.
Hinweis: Die Länge der Schürze bezieht sich auf eine Körpergröße von etwa 1,65 m. Für Körpergrößen über 1,70 m das Unterteil 5 cm länger zuschneiden.

- Stoff in Türkis mit Blumen:
  1-mal 94 x 55 cm (Unterteil)
  2-mal 8 x 75 cm (Bindebänder Oberteil)
- Stoff in Weiß-Türkis gepunktet:
  2-mal Vorlage Oberteil im Stoffbruch
  4-mal Vorlage Tasche im Stoffbruch
- Stoff in Weiß-Türkis kariert: Den Stoff im 45°-Winkel anschneiden und im schrägen Fadenlauf verarbeiten:
  1-mal 6 x 60 cm (Rüsche Oberteil)
  2-mal 10 x 75 cm (Bindebänder Taille)
  2-mal 6 x 55 cm (Bund)

So wird's gemacht

Die Bindebänder längs rechts auf rechts zur Hälfte zusammenlegen. Zusammennähen, dabei eine kurze Seite geöffnet lassen. Wenden und absteppen.

Am Unterteil für den seitlichen Saum den Stoff 2-mal jeweils 1 cm nach links klappen und knappkantig festnähen. Für den Saum den Stoff 2-mal jeweils 2 cm umklappen und festnähen. Den Stoff entlang der oberen Kante einkräuseln und auf eine Weite von 52 cm raffen. Ein Bundteil auf die rechte Seite des Unterteils kantenbündig stecken, das andere Bundteil auf die linke Seite stecken und beide annähen. An den kurzen Kanten zwischen die beiden Bundteile jeweils ein Bindeband stecken und die Naht schließen. Beide Bundteile nach oben klappen, entlang der offenen Kante den Stoff jeweils 1 cm auf die linke Seite umklappen und heften.

Für das Oberteil die Rüsche vorbereiten. Dazu den Streifen rechts auf rechts zusammenlegen und entlang der beiden kurzen Kanten nähen. Aufklappen, links auf links zur Hälfte zusammenfalten und entlang der offenen Kante einkräuseln. Die Rüsche auf 27 cm raffen. Die beiden Oberteile rechts auf rechts zusammenlegen und die seitlichen Nähte schließen. Entlang der oberen Kante zwischen die Stofflagen die Rüsche und die beiden oberen Bindebänder stecken. Die obere Naht schließen. Wenden und knappkantig absteppen. Das Oberteil zwischen den Bund schieben und mit Stecknadeln fixieren. Ringsherum knappkantig absteppen.

Für die Taschen je 2 Teile rechts auf rechts zusammennähen, dabei entlang der oberen Kante die Rüschenborte (innenliegend) mitfassen. Ein Stück der Naht zum Wenden geöffnet lassen. Wenden, die Wendeöffnung schließen und entlang der oberen Kante absteppen. Auf die Schürze aufsteppen.

Die Zackenlitze in 2 Abschnitte teilen und auf den Bund nähen. Für das Yo-Yo den rot-weiß gepunkteten Stoff in den Yo-Yo-Maker spannen, den überstehenden Stoff zurückschneiden, ein Yo-Yo nähen und von Hand auf das Oberteil nähen.

Brotkorb

Größe: ø 25 cm • Vorlage: Bogen A

Material

- Baumwollstoffe, ca. 110 cm breit:
  30 cm Stoff in Weiß-Türkis gepunktet
  30 cm Stoff in Türkis mit Blumen
  ca. 11 x 11 cm in Rot-Weiß gepunktet
- 70 cm Volumenvlies zum Aufbügeln
- 100 cm Rüschenborte in Rot-Weiß
- 1 Yo-Yo-Maker (45 mm)

Zuschneiden

Zuschnittmaße inkl. 0,75 cm Nahtzugabe.
Die Vorlage enthält keine Nahtzugabe,
beim Zuschnitt 0,75 cm Nahtzugabe hinzugeben.
Vorbereiten: Für den Boden Papier vierteln,
den Viertelkreis der Vorlage übertragen
und ausschneiden. Die Faltlinien am Rand
des Kreises markieren (die Markierungen
beim Zuschneiden übertragen).

- Stoff in Weiß-Türkis gepunktet:
  1-mal 80 x 20 cm (Außenseite)
  1-mal Vorlage Boden (Außenseite)
- Stoff in Türkis mit Blumen:
  1-mal 80 x 20 cm (Futter)
  1-mal Vorlage Boden (Futter)
- Volumenvlies:
  2-mal 80 x 20 cm
  2-mal Vorlage

So wird's gemacht

Für den Rand des Brotkorbs jeweils auf die Rückseite der beiden Stoffstreifen das Volumenvlies bügeln. Jeden Streifen rechts auf rechts zum Ring nähen und die Nahtzugabe auseinanderbügeln. Beim Streifen für das Futter aus geblümten Stoff ca. 10 cm der Naht zum Wenden geöffnet lassen.

Die Ringe in 4 gleichmäße Abschnitte unterteilen und jeweils entlang einer Längsseite mit einer Stecknadel markieren.

Für den Boden auf die linke Stoffseite beider Stoffkreise Volumenvlies bügeln (Achtung: von der Vorderseite bügeln!). Je 1 Boden in einen Ring einnähen, dabei die Teile an den Markierungen aneinander ausrichten.

Futter und Außenseite entlang der oberen Kante rechts auf rechts ineinanderstecken und ringsherum zusammennähen, dabei die Rüschenborte (innenliegend) mitfassen. Durch die Öffnung wenden und die Wendeöffnung von Hand schließen. Das Futter in den Korb stecken und die obere Kante etwa 8 cm umschlagen.

Für das Yo-Yo den rot-weiß gepunkteten Stoff in den Yo-Yo-Maker spannen, den überstehenden Stoff zurückschneiden, ein Yo-Yo nähen und von Hand auf die umgeschlagene Kante des Brotkorbs aufnähen.

Johannisbeer-Himbeergelee mit Rotwein

Zutaten für etwa 6 Gläser (je 200 ml): 650 ml Johannisbeersaft (von etwa 1100 g Johannisbeeren) | 250 g Himbeeren (vorbereitet gewogen) | 1 Päckchen Gelierzucker für Beeren-Konfitüre & Gelee | 100 ml trockener Rotwein

Johannisbeeren waschen, mithilfe eines Schnellkochtopfes oder Dampfentsafters Saft gewinnen (lt. Gebrauchsanleitung des Geräteherstellers) und 650 ml abmessen. Himbeeren verlesen und 250 g abwiegen. Saft und Himbeeren in einen Kochtopf geben und mit Gelierzucker für Beeren-Konfitüre gut verrühren. Alles unter Rühren bei starker Hitze zum Kochen bringen und unter ständigem Rühren mind. 3 Min. sprudelnd kochen. Rotwein unterrühren. Kochgut evtl. abschäumen und sofort randvoll in vorbereitete Gläser füllen. Mit Schraubdeckeln (Twist-off®) verschließen, umdrehen und etwa 5 Min. auf dem Deckel stehen lassen.

Schwalben-Sommer
Leinen-Schürze mit Spitze

Vorlagen: Bogen A

Material

- 75 x 100 cm Leinen in Weiß
- ca. 20 x 40 cm Baumwollstoff in Rot-Weiß kariert
- ca. 150 cm Baumwollspitze in Weiß, ca. 4–5 cm breit
- 260 cm fertiges Schrägband in Rot-Weiß kariert
- ca. 50 x 90 cm beidseitig aufbügelbares Haftvlies

Zuschneiden

Die Maße in der Schemazeichnung enthalten 1 cm Nahtzugabe.

- Leinen in Weiß:

  1-mal lt. Schemazeichnung im Stoffbruch

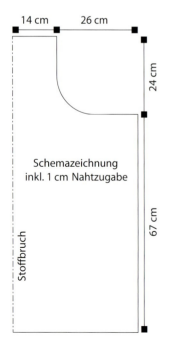

So wird's gemacht

Für die Schürze die Ober-, Seiten- und Unterkante (jedoch nicht die Armausschnitte) mit je 1 cm Einschlag und Umschlag säumen.

Die Spitze ca. 15 cm oberhalb der Unterkante feststecken, mit 1 cm Überstand an den Seiten abschneiden, die Enden nach innen schieben und die Spitze ringsum knappkantig mit Geradstich aufsteppen.

Für die Schwalben-Applikationen die Motive lt. Vorlage auf die Papierseite des Haftvlieses übertragen (Größe/Anzahl nach Belieben, die Vorlagen sind seitenverkehrt) und großzügig ausschneiden, auf die linke Stoffseite des rot-weiß karierten Stoffes bügeln, entlang der aufgezeichneten Linie exakt zuschneiden. Das Trägerpapier entfernen, Motive auf der Vorderseite der Schürze positionieren, aufbügeln (die Motive erscheinen nun richtigherum) und die Kanten mit einem dichten Zickzackstich mit farblich passendem Nähgarn überdecken.

Für die Bindebänder an Hals und Taille das Schrägband in 2 Stücke à 130 cm schneiden und an den Armausschnitten festnähen, dabei festlegen, wie viel Band jeweils am Hals und an der Taille überstehen soll. Das Schrägband auch an den Überständen zusammenklappen und an den offenen Längskanten knappkantig absteppen, die Nahtzugaben an den Enden nach innen schieben und die Öffnungen verschließen.

Lavendelsäckchen

Vorlagen: Bogen A

Material

Für 3 Säckchen
- 20 x 80 cm Baumwollstoff in Rot-Weiß kariert
- 20 x 50 cm Leinen in Weiß
- 17 cm Baumwollspitze in Weiß, ca. 4–5 cm breit
- Lavendel (zum Befüllen der Säckchen)

Zuschneiden

Zuschnittmaße inkl. 1 Nahtzugabe.

- Baumwollstoff in Rot-Weiß kariert:

  2-mal 17 x 32 cm

  3-mal Vorlagen Schwalben (nach Belieben)

- Leinen in Weiß:

  1-mal 17 x 32 cm

  1-mal Vorlage Schwalbe (nach Belieben)

So wird's gemacht

Für das 1. Säckchen die Spitze quer auf ein rot-weiß kariertes Rechteck stecken und entlang der Längskanten mit Geradstich aufsteppen. Für das 2. Säckchen 1 große Schwalbe lt. Vorlage aus Leinen auf den Baumwollstoff und für das 3. Säckchen 3 kleinere Schwalben lt. Vorlage aus Baumwollstoff auf Leinen, wie bei der Schürze beschrieben, applizieren.

Für alle Säckchen die Rechtecke jeweils rechts auf rechts quer zur Hälfte (= Quadrat) legen. An den offenen Kanten bis auf eine Wendeöffnung zusammensteppen. Die Ecken schräg beschneiden, Säckchen verstürzen, mit Lavendel befüllen und die Wendeöffnungen von Hand schließen.

Dr. Oetker empfiehlt:

Sahniger Erdbeer-Grießbrei

Zutaten für etwa 4 Portionen: 300 g Erdbeeren | 20 g Puderzucker | 200 g Schlagsahne | 1 Päckchen Grießbreizubereitung (nach klassischer Art) | **Zum Verzieren:** einige Erdbeeren | einige Pistazien gehackt

Für den Grießbrei Erdbeeren waschen, putzen und mit Puderzucker pürieren. Erdbeerpüree und Sahne in einem Topf sprudelnd aufkochen. Topf vom Herd nehmen. Mischung für den Grießbrei unter Rühren mit einem Schneebesen zufügen und etwa 1 Min. kräftig weiterrühren. Grießbrei 5 Min. stehen lassen. Grießbrei nochmals durchrühren und in eine Schüssel oder Dessertgläser füllen. Erdbeeren waschen, putzen und in Scheiben schneiden. Grießbrei mit Erdbeerscheiben und Pistazien garnieren. Den Erdbeer-Grießbrei nach Belieben warm oder kalt servieren.

Gestern ist heute
Retro-Halbschürze

Vorlage: Bogen B

Design by **Sybille Rogaczewski-Nogai**

Material
- 70 x 90 cm Retrostoff in Türkisgrün
- 70 x 90 cm Retrostoff in Hellgrün

Zuschneiden
Zuschnittmaße inkl. 1 cm Nahtzugabe.
Die Vorlage enthält keine Nahtzugabe,
beim Zuschnitt 1 cm Nahtzugabe hinzugeben.

- Retrostoff in Türkisgrün:
  1-mal Vorlage Halbschürze
  2-mal 4 x 45 cm (Bindebänder)
- Retrostoff in Hellgrün:
  2-mal 10 x 90 cm (Rüschenkante)

So wird's gemacht
Die Bindebänder jeweils längs rechts auf rechts zur Hälfte falten. Entlang einer kurzen und der beiden langen Seiten zusammennähen, verstürzen und 0,5 cm breit absteppen.
Die gerade Schürzenoberkante mit je 1 cm Einschlag und Umschlag säumen.
Für die Rüschenkante die beiden Zuschnitte an den kurzen Kanten rechts auf rechts aneinandernähen, um 1 langes Band von 180 cm Länge zu erhalten. Eine lange Kante sowie beide kurzen Kanten säumen. Die ungesäumte lange Kanten mit einem Heftfaden auf 135 cm einreihen (= Länge der Bogenkante). Die Schürzenrüsche rechts auf rechts bündig an die runde Schürzenkante stecken und feststeppen. Dabei an der Oberkante rechts und links auch die Bindebänder zwischenfassen.

Allzweckbeutel

Material
- 70 x 90 cm Retrostoff in Türkisgrün
- 70 x 90 cm Retrostoff in Hellgrün
- ca. 45 cm Gummiband in Weiß, 2 cm breit
- Karabiner, 6 cm

Zuschneiden
Zuschnittmaße inkl. 1 cm Nahtzugabe.
- Retrostoff in Türkisgrün:
  1-mal 9 x 75 cm (Tunnel für den Beutel)
  1-mal 4 x 15 cm (Aufhänger)
- Retrostoff in Hellgrün:
  1-mal 30 x 75 cm (Beutel)
  2-mal 10 x 90 cm (Rüschenkante)

So wird's gemacht
Für den Aufhänger den Stoffstreifen längs rechts auf rechts zur Hälfte falten. Entlang einer kurzen und der beiden langen Seiten zusammennähen, verstürzen und 0,5 cm breit absteppen.

Für das Rüschenteil die beiden Streifen an den kurzen Kanten rechts auf rechts aneinandernähen, um 1 langes Band von 180 cm Länge zu erhalten. Eine lange Kante säumen, die kurzen Kanten rechts auf rechts zum Ring zusammennähen. Die ungesäumte lange Kante mit einem Heftfaden auf 75 cm einreihen.

Für den Beutel den Zuschnitt rechts auf rechts quer zur Hälfte legen (auf 30 x 37,5 cm), an der 30 cm und einer 37,5 cm langen Kante zusammennähen, wenden. Den Rüschenring mit der Kräuselkante rechts auf rechts bündig an die offene Kante stecken und feststeppen.

Für den Tunnel den Streifen zum Ring schließen und rechts auf rechts auf der Außenseite an die Oberkante des Beutels nähen, dabei wird die Rüsche zwischengefasst. Die offene Längsseite 1 cm nach links falten, zur Hälfte nach innen klappen und knappkantig von rechts feststeppen, dabei eine 2 cm große Öffnung frei lassen. Das Gummiband mit Hilfe einer Sicherheitsnadel einziehen, die Enden flach übereinanderlegen und zusammennähen. Den Aufhänger an die Oberkante des Tunnels nähen und den Karabiner einhängen.

Ananas-Halbgefrorenes

Zutaten für etwa 8 Portionen: 1 Ananas, reif | 2 Orangen | 2 EL Orangenlikör | etwa 2 EL Zucker | 1 Päckchen Früchte fix | **Zum Verzieren:** 200 g kalte Schlagsahne | 1 Päckchen Bourbon Vanille-Zucker | Minzeblätter

Aus der Ananas 8 etwa 1 cm dünne Scheiben schneiden und zunächst beiseite legen. Übrige Ananas schälen, Strunk entfernen und etwa 400 g Fruchtfleisch klein schneiden. Orangen auspressen. Ananasstückchen, Orangensaft, Orangenlikör und Zucker in eine Rührschüssel geben und pürieren. Früchte fix mit einem Schneebesen einrühren. Das Fruchtpüree mit Frischhaltefolie zudecken und mind. 4 Std. gefrieren.

Das Halbgefrorene etwa 5 Min. vor dem Servieren herausnehmen. Die 8 Ananasscheiben in jeweils etwa 6 Tortenstücke schneiden und jeweils als Scheiben auf Tellern wieder zusammenlegen. Sahne mit Bourbon Vanille-Zucker steif schlagen. Auf je eine Ananasscheibe etwas Sahne verstreichen. Darauf das Halbgefrorene verteilen (am besten mit einem Eisportionierer) und mit Minzeblättchen verzieren.

Meine kleine Küche
Schürze mit Herz

Vorlagen: Bogen A

Material
- 140 x 150 cm Baumwollstoff mit Rosen
- 22 x 22 cm Baumwollstoff in Rot-Weiß kariert
- 300 cm fertiges Schrägband in Rot-Weiß kariert
- 22 x 22 cm beidseitig aufbügelbares Haftvlies

Zuschneiden
Zuschnittmaße inkl. 1 cm Nahtzugabe.
Die Vorlagen enthalten an der Schulternaht bereits 1 cm Nahtzugabe, beim Zuschnitt keine weitere Nahtzugabe hinzugeben.

- Baumwollstoff mit Rosen:
    1-mal Vorlage Vorderteil im Stoffbruch (Schürze)
    2-mal Vorlage Rückteil (davon 1-mal gegengleich) (Schürze)
    2-mal 11 x 127 cm (schmale Rüsche)
    2-mal 20 x 127 cm (breite Rüsche)
- Schrägband:
    4 Stücke à 35 cm (Bindebänder)

So wird's gemacht
Für die Herz-Applikation das Herz lt. Vorlage auf die Papierseite des Haftvlieses übertragen und großzügig ausschneiden, auf die linke Stoffseite des rot-weiß karierten Stoffes bügeln, dabei darauf achten, dass die Karos des Stoffes diagonal über das Motiv laufen (siehe Fadenlauf auf der Vorlage). Das Herz entlang der aufgezeichneten Linie exakt zuschneiden. Das Trägerpapier entfernen, mittig auf die Vorderseite der Schürze aufbügeln und die Kanten mit einem Zierstich der Nähmaschine mit farblich passendem Nähgarn überdecken.

Für die Schürze zunächst die offenen Stoffkanten der Schürzenteile ringsum versäubern. Die Rückteile jeweils rechts auf rechts legen, an den Seiten bündig auf das Vorderteil stecken. Die Seiten- und Schulternähte zusammennähen.

Für die Bindebänder die 4 Stücke Schrägband jeweils an den offenen Längskanten zusammensteppen und je 2 seitlich an die Schürzenrückteile lt. Markierung annähen. Die Nahtzugaben an den offenen kurzen Kanten nach innen schieben und die Öffnungen verschließen. Den Halsausschnitt mit Schrägband einfassen.

Für die Rüschen je 2 gleich breite Stoffstreifen an den kurzen Kanten rechts auf rechts auf eine Länge von 250 cm zusammennähen, anschließend beide langen Streifen jeweils an einer Längskante säumen. Die andere Längsseite mit einem Heftfaden auf ca. 110 cm Länge einreihen, dabei die Kräusel gleichmäßig verteilen. Zuerst die schmale und darüber die breite Rüsche rechts auf rechts bündig an die Unterkante der Schürze stecken, feststeppen und nach unten klappen.

Die rückwärtigen Schürzen-Seitenkanten mit je 1 cm Einschlag und Umschlag säumen, dabei auch die Seitenkanten der Rüschen zusammengefasst versäubern. Zum Schluss die Armausschnitte mit Schrägband einfassen.

Tipp: Statt fertigem Schrägband kann man auch Schrägband mit einem Schrägbandformer aus dem für die Herzapplikation verwendeten Stoff herstellen.

Herztopflappen

Vorlage: Bogen A

Material

Für 1 Topflappen
- 26 x 105 cm Baumwollstoff mit Rosen
- ca. 140 cm fertiges Schrägband in Rot-Weiß kariert
- 26 x 50 cm verfestigtes, nähbares Volumenvlies

Zuschneiden

Keine Nahtzugabe nötig.

- Baumwollstoff mit Rosen:
  2-mal Vorlage Topflappen
  4-mal Vorlage Topflappen-Eingriffe
  (davon 2-mal gegengleich)
- Vlies:
  1-mal Vorlage Topflappen
  2-mal Vorlage Topflappen-Eingriffe
  (davon 1-mal gegengleich)

So wird's gemacht

Die Zuschnitte für die Topflappen und die beiden gegengleichen Eingriffe jeweils bündig links auf links legen. Die zugehörigen Zuschnitte aus Vlies dazwischenlegen, fixieren. Alle Teile mit der Nähmaschine jeweils freihand quilten.

Die Eingriffe an der geraden Kante mit Schrägband einfassen, mit der Rundung jeweils links und rechts bündig auf das Herz legen und alle Zuschnitte aufeinander fixieren.

Für den Aufhänger ca. 10 cm Schrägband an den offenen Kanten zusammensteppen, zur Schlaufe legen und auf die Rückseite des Topflappens mittig bündig fixieren (die Schlaufe liegt auf dem Topflappen). Den Topflappen ringsum mit Schrägband einfassen. Die Schlaufe nach außen klappen und mit wenigen Stichen festnähen.

Waffeln mit Himbeer-Orangen-Grütze

Zutaten für etwa 8–10 Stück: Himbeer-Orangen-Grütze: 300 g tiefgekühlte Himbeeren | etwa 400 ml Orangensaft | 1 Päckchen Früchte fix | 1 Päckchen Vanillin-Zucker | **Für das Waffeleisen:** etwas Speiseöl | **Rührteig:** 175 g weiche Margarine oder Butter | 125 g Zucker | 1 Päckchen Vanillin-Zucker | ½ Röhrchen Rum-Aroma | 1 Prise Salz | 4 Eier (Größe M) | 225 g Weizenmehl | ½ gestr. TL Backpulver | 25 g Speisestärke | **Zum Bestreuen:** Puderzucker

Waffeleisen auf mittlerer Temperatur (lt. Geräteherstellerhinweise) vorheizen. Für die Grütze Himbeeren auf einem Sieb auftauen lassen, die Flüssigkeit dabei auffangen und mit dem Orangensaft auf 400 ml auffüllen. Früchte fix und Vanillin-Zucker mit einem Schneebesen einrühren. Früchte unterheben.

Für den Teig Margarine oder Butter in einer Rührschüssel mit einem Mixer (Rührstäbe) auf höchster Stufe geschmeidig rühren. Nach und nach Zucker, Vanillin-Zucker, Aroma und Salz unter Rühren hinzufügen, bis eine gebundene Masse entsteht. Jedes Ei etwa ½ Min. auf höchster Stufe unterrühren. Mehl mit Backpulver und Speisestärke mischen und portionsweise kurz auf mittlerer Stufe unterrühren.

Waffeleisen fetten. Den Teig mithilfe eines Löffels in nicht zu großen Portionen in das Waffeleisen füllen, die Waffeln goldbraun backen. Waffeln einzeln auf einem Kuchenrost erkalten lassen, mit Puderzucker bestreuen und mit der Himbeer-Orangen-Grütze servieren.

Shabby Chic
Galante Schürze

Design by Cecilia Hanselmann

Material
- 90 x 115 cm feines Leinen in Natur
- 40 x 110 cm bedruckter Baumwollstoff in Schwarz
- 1 nähfreier Druckknopf

Zuschneiden
Zuschnittmaße inkl. 0,75 cm Nahtzugabe.
- Leinen:
  1-mal 24,5 x 18,5 cm (Oberteil)
  1-mal 92 x 88 cm (Rockteil)
- Baumwollstoff:
  2-mal 36 x 15,5 cm (Taschen)
  2-mal 5,5 x 65 cm (Träger)
  2-mal 4 x 100 cm (Taillenband)

So wird's gemacht

Eine Längskante des Oberteils (= Oberkante) 2-mal um eine halbe Nahtzugabenbreite zur linken Seite bügeln und knappkantig feststeppen. Träger rechts auf rechts seitlich an das Oberteil nähen, dafür die Enden der Träger mit der Unter- und je einer Seitenkante des Oberteils bündig ausrichten. Die Nahtzugaben der Träger an beiden Längsseiten zur linken Seite sowie die Nahtzugaben des Oberteils zum Träger bügeln. Die Träger der Länge nach links auf links zur Hälfte falten, bügeln und knappkantig zusammensteppen (die Nahtzugaben liegen innen).

Am Rockteil die Seitenkanten und die Unterkante 2-mal um eine halbe Nahtzugabenbreite zur linken Seite bügeln und knappkantig feststeppen. Die Taschen rechts auf rechts auf 18 x 15,5 cm falten, ringsum bis auf eine Wendeöffnung zusammennähen, verstürzen und die Öffnung verschließen. Die Taschen jeweils 16 cm von der Seite und 25 cm von der Oberkante entfernt auf dem Rockteil platzieren und aufsteppen. Die Oberkante des Rockteils mit einem Heftfaden auf 50 cm einreihen. Das Taillenband mittig (an beiden Seiten steht gleichviel über) rechts auf rechts an die Oberkante des Rockteils nähen. Das Taillenbandfutter mit der rechten Seite auf der linken Seite des Rockteils platzieren (die beiden Taillenbänder liegen rechts auf rechts, das Rockteil liegt dazwischen). Die Taillenbänder und das Rockteil zusammennähen und die Bänder nach oben bügeln. Das Oberteil rechts auf rechts mittig auf dem äußeren Taillenband feststeppen. Die Nahtzugaben an den oberen Längskanten von Taillenband und Taillenbandfutter nach links bügeln und zusammengefasst knappkantig absteppen.

Um die Träger und das Taillenband individuell anzupassen, die Trägerenden im Rückenbereich auf das Taillenband stecken und die Länge des Taillenbandes festlegen. Trägerenden entsprechend kürzen, 1-mal um eine halbe Nahtzugabenbreite zur Innenseite bügeln und links auf rechts in Form eines Vierecks auf das Taillenband steppen. Die Enden des Taillenbandes entsprechend kürzen, 2-mal um eine halbe Nahtzugabenbreite zur Innenseite bügeln und knappkantig absteppen. Einen nähfreien Druckknopf an den Enden des Taillenbandes anbringen.

Geschirrhandtuch

Material
- 70 x 150 cm feines Leinen in Natur
- 30 x 100 cm bedruckter Baumwollstoff in Schwarz

Zuschneiden
Zuschnittmaße inkl. 0,75 cm Nahtzugabe.
- Leinen:
  1-mal 57 x 57 cm (Hauptteil)
- Baumwollstoff:
  1-mal 25 x 57 cm (Unterteil)
  1-mal 6 x 20 cm (Aufhänger)

So wird's gemacht
Den Aufhänger rechts auf rechts der Länge nach falten und zusammennähen, verstürzen und bügeln. Quer über die rechte obere Ecke des Hauptteils legen, jeweils 12,5 cm von der Ecke entfernt, und am Rand knappkantig aufsteppen. Die Seitenkanten und die Oberkante des Hauptteils 2-mal um eine halbe Nahtzugabenbreite zur linken Seite bügeln und knappkantig feststeppen. Das Unterteil der Länge nach rechts auf rechts falten und die kurzen Kanten aufeinandersteppen, verstürzen und bügeln. Eine Längskante rechts auf rechts auf die Unterkante des Hauptteils nähen, dabei die andere Kante nicht mitfassen! Die Nahtzugaben in Richtung Unterteil bügeln. An der anderen Längskante des Unterteils die Nahtzugabe nach links bügeln und von rechts durch alle Lagen knapp neben der Naht durchsteppen.

Pasta mit Schinken-Pilz-Soße

Zutaten für etwa 2 Portionen: 100 g tiefgekühlte Erbsen | 250 g Champignons | 100 g gekochter Schinken | 250 g Bandnudeln | Salz | 2 EL Speiseöl, z. B. Sonnenblumenöl | 1 Becher Sahne plus Bouillon & Kräuter (200 g)

Erbsen nach Packungsanleitung auftauen lassen. Champignons putzen und in Scheiben schneiden. Schinken in feine Streifen schneiden. Bandnudeln nach Packungsanleitung in Salzwasser kochen. Speiseöl in einer Pfanne erhitzen und Pilze unter Wenden darin anbraten. Schinken, Erbsen und Sahne plus Bouillon & Kräuter zugeben und einmal aufkochen. Nudeln mit der Soße anrichten.

Es war einmal eine Hose

Jeansschürze

Design by **Jutta Erner**

Größe: 100 cm (Länge ohne Bänder), 72 cm (Taillenweite)

Material
- 2 Jeans oder 1 Jeans mit sehr weiten Hosenbeinen
- 1 Latzhosenschnalle
- 2 Jeanshosenknöpfe

Zuschneiden

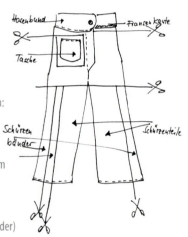

- 1 oder 2 Jeans lt. Schemazeichnung auseinanderschneiden.
- aus 2 Jeanshosenbeinen: 75 cm Länge für 88 cm Breite (Schürzenteil)
- aus Jeansband: 9 x 70 cm (Nackenband)
- aus Jeansband: 2-mal 7 x 70 cm (Schürzenbänder)
- aus Jeansstück: 2-mal 25 cm (lang) x 16,5 (obere Breite) x 19,5 (untere Breite) (= A)
- aus Jeansstück: 11 x 28 cm (= B)
- 1 Jeans-Hosentasche abtrennen
- 4 Gürtelriegel von verschiedenen Jeans abtrennen
- Hosenbund einer Jeans abtrennen, teilen, die Seite mit Knopfloch auftrennen

Tipp: Die offenen Stoffkanten stets versäubern.

So wird's gemacht

Für das Nackenband die Längskanten des Jeansbandes jeweils 1 cm zur linken Seite legen, bügeln, das Band links auf links zur Hälfte legen, an den offenen Bruchkanten zusammennähen. Die Schürzenbänder genauso nähen.

Für das Oberteil die Jeansstücke A bündig rechts auf rechts legen, an der 25 cm langen Naht zusammennähen, Nahtzugaben auseinanderbügeln und von rechts Ziernähte beidseits der Mittelnaht steppen. Die Seitenkanten 2 cm zur linken Seite bügeln und von rechts mit Ziernähten feststeppen. Jeansstück B rechts auf rechts bündig an die Oberkante nähen, dabei die Enden von 2 Gürtelriegeln zwischenfassen. Die überstehenden Enden von Jeanstück B nach links falten, bügeln, die Oberkante 4 cm ein- und 5 cm umschlagen. Die Bruchkanten von rechts mit einer Ziernaht feststeppen.

Gürtelriegel und Nackenband an der Oberkante des Oberteils festnähen, Schließe am freien Ende des Nackenbandes befestigen, Knopf passend an einer Seite des Oberteils einschlagen.

Für das Schürzenteil die Hosenbeinstreifen an den langen Kanten rechts auf rechts zusammennähen, Nähte auseinanderfalten, bügeln und von rechts mit Ziernähten absteppen. Kappnähte der Jeans als Zierelemente miteinbeziehen. Außenkanten versäubern, Nahtzugaben nach links klappen und von rechts mit einer Ziernaht feststeppen. Die Unterkante der Jeans inkl. Ziernaht ist gleichzeitig die Unterkante der Schürze. Oberteil und Schürzenteil mittig rechts auf rechts zusammennähen, Nahtzugaben zum Oberteil hin bügeln, von rechts absteppen. Die seitlichen oberen Kanten der Schürze abschrägen, dazu die äußere Ecke 1 cm ein- und 4 cm umschlagen, festnähen. Seitlich in die offenen Kanten die Schürzenbänder schieben, festnähen. 2 Gürtelriegel am unteren Schürzenteil in Taillenhöhe annähen, Hosentasche dazwischen feststecken, Hosenbünde rechts und links der Hosentasche feststecken, dabei jeweils durch den Riegel ziehen. Hosentasche und Hosenbund bis zum Riegel festnähen. Je 1 Knopf am Bundende annähen.

Tischset

Größe: 47 x 33 cm

Material
- Jeans oder Jeansreste
- 48 x 34 cm Baumwollstoff als Futter

Zuschneiden
- mehrere, 36 cm lange Jeansstücke in verschiedenen Breiten
- 7 x 36 cm Jeansrest mit Kappnaht
- 2 Gürtelriegel abtrennen
- 36 cm Hosenbund ab- und auftrennen
- 36 cm Fransenkante (befindet sich unter dem Hosenbund einer Jeans)

So wird's gemacht

Jeansstücke zusammennähen, die Nähte jeweils als einfache Kappnaht ausführen. In einer Naht die Fransenkante zwischenfassen. Den aufgetrennten Hosenbund inkl. Etikett aufnähen. Den Jeansrest mit Kappnaht rechts auf rechts auf einem Jeansstreifen relativ nah an einer kurzen Kante feststecken und aufsteppen, umklappen, die freie Kante 1 cm nach innen einschlagen und von rechts feststeppen. Alle Nähte von rechts mit dickem kontrastierendem Garn absteppen. Riegel aufsteppen.

Das fertige Jeansstück auf 48 x 33 zuschneiden, Baumwollstoff und Jeansstück rechts auf rechts bündig übereinanderlegen, ringsum bis auf eine Wendeöffnung zusammennähen. Die Ecken schräg beschneiden. Tischset wenden und bügeln. Die Wendeöffnung von Hand mit Matratzenstich schließen.

Dr. Oetker empfiehlt:

Vanilleeis mit heißen Mangos

Zutaten für etwa 6 Portionen: Mangosoße: 2 Dosen Mangos (Abtropfgewicht je 225 g) | 3 EL Orangenlikör | 1 Päckchen Vanillin-Zucker | 1 Päckchen Früchte fix | **Zum Bestreuen:** 100 g Erdnusskerne im Honig-Mantel | **Außerdem:** 750 ml Vanilleeis

Mangos auf einem Sieb abtropfen lassen, die Flüssigkeit dabei auffangen und 400 ml abmessen, evtl. mit Wasser ergänzen. Mangos vorsichtig in Würfel schneiden. Flüssigkeit, Likör und Vanillin-Zucker in einen Topf geben. Früchte fix mit einem Schneebesen einrühren und das Ganze unter Rühren erhitzen. Zuletzt die Mangowürfel zugeben und vorsichtig mit einem Rührlöffel umrühren. Erdnüsse grob hacken. Heiße Mangosoße auf Teller verteilen, das Eis darauf portionieren. Erdnüsse darüberstreuen und sofort servieren.

Junges Gemüse
Kinderschürzen

Größe: 98/104 und 122/128 • Vorlagen: Bogen B

Design by Kinderstoffe-Farbenfroh

Material (Jungenschürze)

- 50 x 140 cm (Gr. 98/104) oder 60 x 140 (Gr. 122/128) rot kariertes Wachstuch
- 1 Rapport aus Wachstuch mit Küchenmotiven (zum Verzieren)
- 8 x 60 cm Baumwollstoff in Grün mit weißen Punkten
- 12 x 25 cm Baumwollstoff in Rot kariert
- Sticktwist in Hellblau und Lila
- 3,50 m fertiges Schrägband in Grün mit weißen Punkten
- 2 rote Kam Snaps (Druckknöpfe)

Zuschneiden (Jungenschürze)

Zuschnittmaße inkl. 1 cm Nahtzugabe. Die Vorlage enthält an der Schulternaht bereits 1 cm Nahtzugabe, beim Zuschnitt keine weitere Nahtzugabe hinzugeben.

- Rot-kariertes Wachstuch:
  1-mal Vorlage Vorderteil im Stoffbruch (Schürze)
  1-mal Vorlage Rückteil im Stoffbruch (Schürze)
- Motiv-Wachstuch:
  2-mal 12 x 12 cm (Taschen)
- Baumwollstoff:
  2-mal 12 x 12 cm (Taschen)

So wird's gemacht

Jungenschürze: Für die Taschen je 1 Quadrat aus Motiv-Wachstuch und Baumwollstoff rechts auf rechts bis auf eine Wendeöffnung am oberen Rand zusammennähen, verstürzen und von der Stoffseite her vorsichtig bügeln. Die Oberkanten von Hand mit Stickgarn umnähen, dabei wird auch die Wendeöffnung geschlossen. Die Taschen auf der Schürzenvorderseite positionieren und mit demselben Stich (Faden nicht abschneiden) auf die Vorderseite aufsticken. Verschiedene Motive aus Wachstuch ausschneiden und wie gewünscht auf der Schürzen-Vorder- und Rückseite verteilen und mit dem Geradstich der Nähmaschine aufsteppen.

Vorder- und Rückseite an den Schulternähten rechts auf rechts zusammennähen. Die Nahtzugaben auseinanderstreichen. Den Halsausschnitt sowie Vorder- und Rückseiten der Schürze mit Schrägband einfassen.

Für den seitlichen Verschluss den grünen, weiß getupften Stoffstreifen der Länge nach links auf links zur Hälfte falten und bügeln. Aufklappen und jede Längsseite nochmals bis zur Mittellinie falten und bügeln. Die Längsseiten knappkantig absteppen und in 4 gleich große Stücke teilen. Die 4 Bänder jeweils an Vorder- und Rückseite lt. Markierungen festnähen. Die Länge kontrollieren, ggf. kürzen, die offenen Stoffkanten an den Enden nach innen schieben, Öffnungen verschließen und die Kam Snaps lt. Herstellerangaben anbringen.

Die **Mädchenschürze** wird genauso genäht, sie hat jedoch statt der zwei quadratischen Taschen eine halbrunde Tasche mit einer an der Rundung zwischengefassten Vichykaro-Rüsche (Länge: ca. 45 cm).

Kochmütze und Kopftuch

Vorlage Kopftuch: Bogen B

Material (Kochmütze)

- 55 x 55 cm rot kariertes Wachstuch
- 1 Rapport aus Wachstuch mit Buchstabenmotiven (zum Verzieren)
- 20 x 60 cm Baumwollstoff in Grün mit weißen Punkten
- 10 x 60 cm dünnes, aufbügelbares Volumenvlies
- 10 cm Klettband zum Aufnähen
- 60 cm fertiges Schrägband in Grün mit weißen Punkten

Zuschneiden (Kochmütze)

Zuschnittmaß inkl. 1 cm Nahtzugabe.

- Rot-kariertes Wachstuch:
  1 Kreis von Ø 50 cm (Mützenoberteil)
- Baumwollstoff:
  1-mal 20 x 60 cm (Stirnband)

So wird's gemacht

Kochmütze: In den Wachstuchkreis einen 10 cm langen Schlitz zum Kreismittelpunkt hin schneiden. Die Schlitzkanten jeweils 1 cm nach innen umklappen, von rechts feststeppen. Entlang der Stoffkante mit Heftstichen einreihen und 4 identische Abschnitte markieren. Den Baumwollstoff für das Stirnband links auf links längs zur Hälfte falten, bügeln. Das Vlies auf eine linke Stoffseitenhälfte bügeln. Motive nach Belieben auf die Außenseite aufnähen. Die kurzen Kanten rechts auf rechts zur Hälfte falten, zusammennähen, wenden. An den kurzen Enden und der Bruchkante knappkantig absteppen. Am Rand 4 gleich große Abschnitte markieren, Stirnband und Mützenoberteil an den Markierungen rechts auf rechts zusammenstecken. Die Mützenweite auf die Bandlänge einkräuseln. Den Rand festnähen, die Nahtzugaben zusammengefasst mit Schrägband versäubern. Je eine Hälfte des Klettbandes neben die Schlitze (eine Hälfte innen, die andere außen) parallel zum Mützenrand aufnähen.

Kopftuch: 2 Dreiecksseiten mit ca. 45 cm Karo-Rüsche verzieren. Den Baumwollstoff für das Stirnband (12 x 53 cm) und den Gummibandtunnel (7 x 19 cm) jeweils rechts auf rechts quer falten, an der langen Seite zusammennähen, wenden, bügeln. Das Stirnband mittig an die Dreiecksunterkante nähen. Ein Gummiband (2 x 12 cm) durch den Tunnel fädeln, Anfang und Ende an den kurzen Kanten festnähen. Die Nahtzugaben an den Stirnbandenden je 1 cm nach innen schieben. Die Enden des Gummibandteils in je eine Öffnung schieben. Gut festnähen.

Dr. Oetker empfiehlt:

Hanseaten

Für das Backblech: Backpapier | **Knetteig:** 300 g Weizenmehl | 1 gestr. TL Dr. Oetker Original Backin | 100 g Zucker | 1 Päckchen Dr. Oetker Finesse | Natürliches Bourbon-Vanille-Aroma | 1 Ei (Größe M) | 150 g weiche Butter oder Margarine | **Füllung:** ca. 2 gehäufte EL rote Konfitüre | **Zum Verzieren:** 125 g Dr. Oetker Fix & Fertig Zuckerguss Classic | Dr. Oetker Back- & Speisefarben Rot

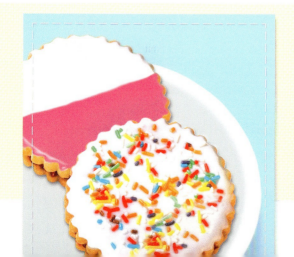

Für den Knetteig Mehl mit Backin mischen. Übrige Zutaten für den Teig hinzufügen und alles zu einem glatten Teig verarbeiten. Teig ca. 30 Min. kalt stellen. Backofen auf 180 °C (Heißluft 160 °C) vorheizen. Teig auf bemehlter Arbeitsfläche ca. ½ cm dick ausrollen und Kreise von ø 8 cm ausstechen. Teigtaler auf das Backblech (mit Backpapier) legen und ca. 12 Min. backen. Plätzchen auf einem Kuchenrost erkalten lassen. Für die Füllung Konfitüre glatt rühren. Die Unterseiten von der Hälfte der Kekse damit bestreichen und mit der anderen Hälfte der Kekse zusammensetzen. Zuckerguss durchkneten, eine Hälfte mit roter Back- & Speisefarbe einfärben, auf die Kekse streichen. Nach Belieben mit Zuckerdekor bestreuen.

Meeresbrise
Maritime Schürze

Vorlagen: Bogen A

Material

- Baumwollstoffe, ca. 140 cm breit:
  60 cm in Blau-Weiß gestreift
  30 cm in Weiß
  20 cm in Rot
- 6 weiße Knöpfe
- Baumwolldeckchen mit ca. Ø 25 cm
  (oval oder rund) mit Spitzenrand
- 30 cm fertiges Einfassband in Weiß
  (etwa in der Breite des Deckchens)
- ca. 10 x 10 cm beidseitig aufbügelbares Haftvlies

Zuschneiden

Zuschnittmaße inkl. 1 cm Nahtzugabe.
Die Vorlagen enthalten keine Nahtzugabe, beim Zuschnitt des Oberteils 1 cm Nahtzugabe hinzugeben.

- Baumwollstoff in Weiß:
  1-mal Vorlage Oberteil
- Baumwollstoff in Blau-Weiß gestreift:
  1-mal 52 x 114 cm (Schürze)
- Baumwollstoff in Weiß:
  1-mal lt. Vorlage Oberteil
  1-mal 13 x 114 cm (Besatz)
- Baumwollstoff in Rot:
  2-mal 9 x 20 cm (Schleife)
  1-mal 9 x ca. 60 cm (Nackenband)
  1-mal 7 x 140 cm (Taillenband)

So wird's gemacht

In das Oberteil lt. Markierungen in der Vorlage eine Mittelfalte (= Blende) und seitlich davon je zwei ca. 0,4 cm breite Biesen steppen. Dafür das Teil mittig zwischen je 2 Nahtlinien links auf links falten, um gleichzeitig durch beide eingezeichneten Nahtlinien zu steppen. Die Mittelfalte gleichmäßig zu beiden Seiten hin flach drücken und bügeln, die Biesen jeweils nach außen legen. Die Seitenkanten und die Oberkante mit je 1 cm Einschlag und Umschlag säumen.

Für die Schleifen die Stoffstreifen der Länge nach links auf links zur Hälfte legen, jeweils ein Ende abrunden und bis auf die kurze gerade Kante zusammennähen, verstürzen und bügeln. Die Schleifenbänder mit der geraden kurzen Kante auf die rechte Seite des Oberteils an den Seiten und an der Oberkante bündig auflegen, stecken und ringsum knappkantig feststeppen, dabei jeweils nur bis zur Blende des Oberteils nähen. Die freien Enden der beiden Schleifenbänder verknoten. Die Knöpfe mit 4 cm Abstand mittig auf die Blende nähen.

Für das Nackenband den Stoffstreifen der Länge nach links auf links zur Hälfte legen, an den langen Kanten zusammennähen, verstürzen und bügeln. Länge individuell anpassen, die Nahtzugaben an den Enden nach innen schieben und rechts und links an die Oberkante des Oberteils von links feststeppen.

Den Besatz rechts auf rechts mittig an die Unterkante der Schürze nähen. Die Seitenkanten und die Unterkante mit je 1 cm Einschlag und Umschlag säumen. Die Oberkante der Schürze auf 60 cm einkräuseln. Das Taillenband mittig zwischen gekräuseltes Schürzenteil und Oberteil steppen, dafür die Kanten jeweils bündig rechts auf rechts legen. Die überstehenden Längskanten mit je 0,5 cm Einschlag und Umschlag säumen. Die Enden zur Briefecke absteppen.

Für die Tasche vom Baumwolldeckchen etwa ¼ der Breite abschneiden (wird für den Handschuh benötigt). Die Schnittkante (= Oberkante) mit weißem Einfassband einfassen. Das Ankermotiv aus dem blau-weiß gestreiften Stoff lt. Vorlage applizieren (s. Seite 10). Das Deckchen als Tasche aufsteppen.

Ofenhandschuh

Vorlage: Bogen A

Material

Für 1 Handschuh
- 30 x 80 cm Baumwollstoff in Blau-Weiß gestreift
- Baumwolldeckchen mit Spitzenrand
  (Rest von der Schürzentasche)
- 30 cm fertiges Einfassband in Rot
- 40 x 30 cm aufbügelbares, dickes Volumenvlies

Zuschneiden

Die Vorlage enthält keine Nahtzugabe,
beim Zuschnitt 1 cm Nahtzugabe zugeben.

- Baumwollstoff in Blau-Weiß gestreift:
  4-mal Vorlage Topflappen (davon 2-mal gegengleich)
- Volumenvlies:
  2-mal Vorlage Topflappen (davon 1-mal gegengleich)

So wird's gemacht

Je 1 Zuschnitt aus Volumenvlies auf die linke Stoffseite des entsprechenden Zuschnitts aus Baumwollstoff aufbügeln. Einen weiteren Stoffzuschnitt auf die Volumeneinlage legen. Die Zuschnitte rechts auf rechts bündig übereinanderlegen und rundum mit 1 cm Nahtzugabe zusammensteppen, verstürzen, bügeln. Den Rest des Baumwolldeckchens auf die rechte Seite an der Unterkante des Handschuhrückens aufsteppen. Die Unterkante mit rotem Schrägstreifen einfassen.

Dr. Oetker empfiehlt:

Lachs in Zitronen-Dill-Soße

Zutaten für etwa 2 Portionen: 250 g tiefgekühltes Lachsfilet (2 Stück) | 1 Bund Dill | 2 EL Speiseöl, z. B. Sonnenblumenöl | 1 Becher Sahne plus Bouillon (200 g) | 1 TL Senf | 1 TL Zitronensaft

Lachs nach Packungsanleitung auftauen lassen. Dill waschen und fein schneiden. Lachsfilets unter fließendem kalten Wasser abspülen und trocken tupfen. Speiseöl in einer Pfanne erhitzen und den Lachs darin von beiden Seiten anbraten. Lachs aus der Pfanne nehmen. Sahne plus Bouillon, Senf, Dill und Zitronensaft in die Pfanne geben, einmal aufkochen. Nach Belieben abschmecken und mit den Lachsfilets servieren.

Ich bin dann mal draußen

Gartenschürze

Vorlage: Bogen A

Material
- 1 ca. 80 x 100 cm großer Weizen-/Mehlsack
- 10 x 30 cm Baumwollstoff in Beige-Rot geblümt
- 40 x 140 cm Baumwollstoff in Rot-Weiß gestreift

Zuschneiden
Zuschnittmaße inkl. 1 Nahtzugabe. Die Vorlage enthält keine Nahtzugabe, beim Zuschnitt 1 cm Nahtzugabe hinzugeben. Hinweis: Die Vorlage ist auf dem Bogen in zwei Teile geteilt. Bitte das obere und untere Schnittteil zunächst zusammenfügen, anschließend zuschneiden.

- Mehlsack:
  1-mal Vorlage Gartenschürze im Stoffbruch
- Beige-rot geblümter Baumwollstoff:
  1-mal 7 x 25 cm (1. Besatz)
- Rot-weiß gestreifter Baumwollstoff:
  1-mal 7 x 34 cm (2. Besatz)
  1-mal 7 x 50 cm (Nackenband)
  2-mal 7 x 70 cm (Bindebänder)

So wird's gemacht
Die Gartenschürze ringsum mit Zickzackstich versäubern. Die Oberkante und die Seitenkanten 1 cm nach links klappen, bügeln und (nur) die Seitenkanten von rechts absteppen. Die Unterkante 5 cm nach innen klappen, bügeln und 4,5 cm von der Unterkante entfernt von rechts absteppen.

Den 1. und 2. Besatz an einer Längskante rechts auf rechts zusammennähen, auffalten, bügeln. Die Nahtzugaben ringsum 1 cm zur linken Seite bügeln. Das Teil links auf rechts bündig an die Oberkante der Gartenschürze auflegen, prüfen, ob auch die Seitenkanten bündig aufeinanderliegen, den Zuschnitt ggf. korrigieren. Die Längsnaht zwischen den beiden Besätzen absteppen sowie ringsum knappkantig auf die Schürze steppen.

Das Nackenband an den Längskanten mit 0,5 cm Einschlag und Umschlag säumen, mit der rechten Stoffseite nach oben rechts und links hinter die Schürzenoberkante schieben, auf Breite des oberen Besatzes überlappen lassen, die Länge prüfen und individuell anpassen. Von rechts mit zwei horizontalen Nähten (auf den bereits vorhandenen Steppnähten) feststeppen.

Die Bindebänder an den Längskanten und einer kurzen Kante mit 0,5 cm Einschlag und Umschlag säumen, mit der versäuberten kurzen Kante jeweils seitlich an die Schürze von links feststeppen. Die offenen kurzen Kanten jeweils zur Briefecke legen und absteppen.

Gartentasche

Material
- 35 x 40 cm Baumwollstoff in Beige-Rot geblümt
- 10 x 100 cm Baumwollstoff in Rot-Weiß gestreift
- 20 x 40 cm Leinen in Natur
- 30 cm Baumwollband

Zuschneiden
Zuschnittmaße inkl. 1 cm Nahtzugabe.
- Leinen:
  1-mal 16 x 35 cm (Außentasche)
- Beige-rot geblümter Baumwollstoff:
  1-mal 35 x 36 cm (Hauptteil)
- Rot-weiß gestreifter Baumwollstoff:
  1-mal 4 x 16 cm (Dekobesatz)
  1-mal 4 x 95 cm (Randeinfassung)

So wird's gemacht
Für die Außentasche den Leinenstoff mit dem Dekobesatz zieren. Dazu den schmalen Stoffstreifen für die Fächeraufteilung an beiden Längskanten je 1 cm nach links bügeln und parallel und im Abstand von 10 cm zu einer kurzen Kante auf die Außentasche mit Zickzackstich aufsteppen. Die Oberkante der Außentasche 1 cm nach links klappen und von rechts absteppen. Das Baumwollband in 2 Hälften schneiden, an den Kanten 1 cm umklappen und an beliebiger Stelle feststeppen (siehe Foto).

Die Außentasche links auf rechts bündig an die Unterkante des Hauptteils legen, fixieren. Für die Fächer die Außentasche in 6 cm, 12 cm, 20 cm und 25 cm senkrecht absteppen.

Die Seitenkanten und die Unterkante des Hauptteils zusammen mit der Außentasche mit dem Einfassstreifen einfassen oder fertiges Schrägband verwenden. Für den Tunnel die Oberkante 1 cm ein- und 5 cm umschlagen und von rechts in Höhe der inneren Bruchkante absteppen. Durch den Tunnel kann ein Gürtel gezogen werden.

Dr. Oetker empfiehlt:

Crème-fraîche-Dip mit getrockneten Tomaten

Zutaten für etwa 10 Portionen: 50 g getrocknete Tomaten | 2 Becher Crème fraîche (je 150 g) | 150 g Ziegenfrischkäse | 50 ml Milch | Salz | frisch gemahlener Pfeffer

Getrocknete Tomaten mit heißem Wasser übergießen und 20 Min. stehen lassen. Danach auf einem Sieb abtropfen lassen und mit Küchenpapier trocken tupfen. Die Tomaten in kleine Würfel schneiden.

Crème fraîche mit Ziegenfrischkäse, Milch und Gewürzen in einer Schüssel verrühren. Tomatenstücke unterrühren. Nach Wunsch mit Schnittlauchröllchen bestreut servieren.

Mein Mann kann
Grillschürze

Vorlage: Bogen B

Design by **Sybille Rogaczewski-Nogai**

Material

- Fester Baumwollstoff:
  80 x 90 cm in Schwarz
  30 x 90 cm mit Zeitungsdruck
  50 x 90 cm in Schwarz-Weiß kariert
  30 x 90 cm in Schwarz mit Spiegeleier-Motiv

Zuschneiden

Zuschnittmaße inkl. 1 cm Nahtzugabe.
Die Vorlage enthält keine Nahtzugabe,
beim Zuschnitt 1 cm Nahtzugabe hinzugeben.

- **Schwarzer Baumwollstoff:**
  1-mal 55 x 80 cm (Schürzen-Vorderteil)
  2-mal 6 x 90 cm (Bindebänder)
- **Baumwollstoff mit Zeitungsdruck:**
  1-mal Vorlage Schürzen-Oberteil im Stoffbruch
- **Schwarzer Baumwollstoff mit Spiegeleier-Motiv:**
  2-mal 20 x 30 cm (kleine Tasche)
- **Schwarz-weiß karierter Baumwollstoff:**
  1-mal 6 x 60 cm (Nackenband)
  2-mal 54 x 22 cm (große Tasche)

So wird's gemacht

Bindebänder und Nackenband der Länge nach rechts auf rechts falten, an den Längsseite zusammennähen (die kurzen Enden bleiben offen) und verstürzen. Jeweils zwei zusammengehörige Taschenteile rechts auf rechts legen, bis auf eine ca. 10 große Wendeöffnung ringsum zusammennähen, verstürzen. Bänder und Taschen bügeln und ringsum knappkantig absteppen, dafür die offenen Stoffkanten an den kurzen Seiten der Bänder nach innen stecken).

Das Schürzen-Vorder- und Oberteil ringsum mit je 1 cm Einschlag und Umschlag säumen. Die Enden des Nackenbandes an die oberen seitlichen Ecken des Oberteils, die Bindebänder an die seitlichen Ecken des Vorderteils stecken und feststeppen, dafür ein Rechteck mit Diagonale nähen.

Das Oberteil etwas überlappend über das Vorderteil legen und mit 2 Nähten an das Vorderteil steppen.

Die kleinere Tasche 10 cm unterhalb der Oberkante, die größere Tasche 12 cm unterhalb des Bundes an den Seiten und der Unterkante aufsteppen und nach Bedarf mit senkrechten Stepplinien in kleinere Abschnitte teilen.

Grillhandschuh

Vorlagen: Bogen B

Material

- Fester Baumwollstoff:
  20 x 60 cm mit Zeitungsdruck
  20 x 65 cm in Schwarz-Weiß kariert
  20 x 80 cm in Schwarz mit Spiegeleier-Motiv
- 60 x 90 cm dickes, aufbügelbares Volumenvlies

Zuschneiden

Zuschnittmaße inkl. 1 cm Nahtzugabe.
Die Vorlagen enthalten keine Nahtzugabe, beim Zuschnitt 1 cm Nahtzugabe hinzugeben.

- Baumwollstoff mit Zeitungsdruck:
  2-mal Vorlage Handschuh-Zwischenteil
  1-mal 5 x 15 cm (Aufhänger)
- Schwarz-weiß karierter Baumwollstoff:
  2-mal Vorlage Handflächenteil im Stoffbruch
- Schwarzer Baumwollstoff mit Spiegeleier-Motiv:
  2-mal Vorlage Handrückenteil im Stoffbruch

So wird's gemacht

Den Aufhänger der Länge nach rechts auf rechts falten, an den Längsseiten zusammennähen (die kurzen Enden bleiben offen), verstürzen, bügeln und beide Längskanten knappkantig absteppen.

Alle Handschuhteile mit Volumenvlies hinterbügeln. Für das Futter und die Außenseite je 1 Handflächen- und 1 Handrückenseite rechts auf rechts mit der geraden Unterkante (Passzahl 1) bündig aufeinanderlegen und die Seitennähte zwischen den Passzahlen 1–2 zusammennähen. Das Handschuh-Zwischenteil rechts auf rechts auf die aufgeklappten Handschuhenden legen und ringsum festnähen, dafür die Naht jeweils in der Mitte unterbrechen, um den Handschuhschaft auf die andere Seite zu klappen. An einem der Handschuhe (= Futter) die offene gerade Kante mit einem einfachen Einschlag versehen, links auf links in den anderen Handschuh (= Außenseite) schieben, dabei die Nähte bündig übereinander ausrichten. Den Saum nach außen um die offene Kante klappen und ringsum feststeppen, dabei die Enden des Aufhängers nebeneinanderliegend zwischenfassen.

Chili-Soja-Marinade

Zutaten für etwa 4 Portionen: 1 Schalotte | 1 kleine rote Chilischote | 4 EL Olivenöl | 4 EL Sojasoße | 2 Päckchen Natürliches Bourbon-Vanille-Aroma | etwas Cayennepfeffer

Schalotte abziehen und fein würfeln. Chilischote putzen und ebenfalls sehr fein schneiden. Olivenöl und Sojasoße in einem Schälchen mit einem Schneebesen gut verrühren. Schalotten- und Chilischotenwürfel und Vanille-Aroma unterrühren. Marinade mit Cayennepfeffer abschmecken. Diese Marinade passt sehr gut zu Rinderfilets oder Lammkoteletts. Diese mithilfe eines Pinsels mit der Marinade bestreichen und mind. 30 Min. oder über Nacht im Kühlschrank durchziehen lassen. Fleisch nach dem Grillen salzen.

Rosige Zeiten
Schürze im Landhausstil

Vorlage: Bogen B

Material
- 80 x 60 cm Baumwoll-Rosenstoff mit Patchworkoptik
- 50 x 110 cm Baumwollstoff in Grün
- 3,50 m fertiges Schrägband in Hellgrün
- 1 Plastik-Druckknopf in Rosé

Zuschneiden
Zuschnittmaße inkl. 1 cm Nahtzugabe.
Die Vorlage enthält keine Nahtzugabe, beim Zuschnitt 1 cm Nahtzugabe hinzugeben.
- Rosenstoff mit Patchworkoptik:
  1-mal Vorlage im Stoffbruch
- Grüner Baumwollstoff:
  1-mal 13 x 110 cm (Volant)
  1-mal 12 x 70 cm (Nackenband)
  2-mal 12 x 110 cm (Taillenbänder)

So wird's gemacht
Für den Volant an einer Längskante des Streifens Heftstiche arbeiten und auf die Breite der unteren Schürzenkante gleichmäßig einkräuseln. Die gekräuselte Kante rechts auf rechts an die Unterkante der Schürze nähen. Die Nahtzugaben zusammengefasst versäubern, in das Schürzenteil bügeln und von der Vorderseite mit einer Naht sichern.

Die Schürze ringsum mit dem Schrägband einfassen.

Für das Nackenband die Schmalseiten des Streifens jeweils 1 cm nach innen bügeln. Den Streifen der Länge nach links auf links zur Hälfte falten und bügeln. Aufklappen und jede Längsseite nochmals bis zur Mittellinie falten und bügeln. Die fertige Breite des Streifens beträgt 3 cm. Das Band ringsum knappkantig absteppen, dabei die Nahtzugaben an den Enden nach innen schieben.

Ein Bandende an die rechte Ecke des Schürzenoberteils auf der Rückseite festnähen, das andere Bandende locker einknoten und mit einem Druckknopf versehen (siehe Foto), die gewünschte Länge des Schürzenbandes zuvor ermitteln. Das Gegenstück des Druckknopfes an der linken oberen Ecke des Schürzenoberteils befestigen.

Für die Taillenbänder die Stoffstreifen, wie für das Nackenband beschrieben, nähen und seitlich an der Schürze auf der Rückseite festnähen.

Tipp: Es können mehrere Druckknöpfe am Nackenband angebracht werden, so kann die Länge je nach Wunsch variiert werden.

Tischläufer

Größe: ca. 40 x 145 cm

Material
- 40 x 65 cm Baumwoll-Rosenstoff mit Patchworkoptik
- 20 x 80 cm Baumwollstoff in Grün
- 20 x 80 cm Baumwollstoff in Rosé
- 3,50 m fertiges Schrägband in Hellgrün

Zuschneiden

Zuschnittmaße inkl. 1 cm Nahtzugabe.

- Rosenstoff mit Patchworkoptik:
    1-mal 50 x 40 cm (= A)
    2-mal 7 x 40 cm (= B)
- Grüner Baumwollstoff:
    2-mal 20 x 40 cm (= C)
- Baumwollstoff in Rosé:
    2-mal 20 x 40 cm (= D)

So wird's gemacht

Die einzelnen Stoffstreifen in der Reihenfolge D – B – C – A – D – B – C oder wie gewünscht an den 40 cm langen Kanten rechts auf rechts zusammennähen. Die Nähte zusammengefasst versäubern. Die Nahtzugaben sämtlich in eine Richtung bügeln und von der Vorderseite mit einem großen Zickzackstich befestigen.
Die Ecken des Tischläufers leicht abrunden und den Läufer ringsum mit Schrägband einfassen.

Dr. Oetker empfiehlt:

Himbeer-Rosmarin-Creme

Zutaten für etwa 6 Portionen: 300 g Himbeeren | 50 g Puderzucker | 1 Becher Crème double (125 g) | 100 g Doppelrahm-Frischkäse | 2 Päckchen Sahnesteif | 2 Zweige Rosmarin

Himbeeren verlesen, etwa 12 Himbeeren beiseite legen, die übrigen pürieren. Puderzucker, Crème double (1 EL im Becher zurücklassen), Frischkäse und Sahnesteif mit einem Mixer (Rührstäbe) unter das Himbeerpüree rühren. Von einem Rosmarinzweig die Rosmarinnadeln abzupfen, fein hacken und unter die Creme geben. Die Creme auf Dessertschälchen verteilen und mit restlicher Crème double, Himbeeren und Rosmarin verzieren.

Happy Hour
Cocktailschürze

Design by **Annette Diepolder**

Material
- 110 x 140 cm Leinen in Mittelbraun
- Transferfolie für Textilien für Laser- oder Tintenstrahldrucker

Zuschneiden
Zuschnittmaße inkl. 1 cm Nahtzugabe.
- Leinen:
    1-mal 95 x 80 cm (Schürze)
    2-mal 14 x 132 cm (Taillenband)

So wird's gemacht
Die Schürze an allen Kanten mit je 1 cm Einschlag und Umschlag säumen.
Für das Taillenband die beiden Streifen an den kurzen Seiten rechts auf rechts auf eine Länge von insgesamt 260 cm zusammennähen, die Nahtzugaben auseinanderbügeln und die Enden des Bandes jeweils 1 cm nach innen bügeln. Den Streifen der Länge nach links auf links zur Hälfte bügeln, wieder aufklappen. Beide Längsseiten bis zur Mittellinie falten, bügeln und an der Mittellinie zusammenklappen. Die fertige Breite des Taillenbandes beträgt 3,5 cm.
Das zusammengeklappte Taillenband mit einem Abstand von 2,5 cm zur Schürzenoberkante auf die Vorderseite legen (Schürze und Taillenband überlappen sich 2,5 cm). Die offenen Bruchkanten des Taillenbandes liegen auf der Schürze. Darauf achten, dass das Band mittig liegt. Feststecken und das Band entlang der offenen Bruchkanten absteppen, dabei werden die offenen Kanten geschlossen und das Band gleichzeitig auf der Schürze festgenäht.
Verschiedene Cocktailnamen mit dem Computer schreiben, lt. Herstellerangaben auf Transferfolie ausdrucken und wie gewünscht auf die Schürzenvorderseite aufbügeln.

Mai Tai

...la Sunrise

Long Island Ice Tea

Mojito

Bloody Mary

Caipirinha

Long Island Ice Tea

Tequila Sunrise

Cocktail-Untersetzer

Größe: ca. 12 x 12 cm

Material
Für 1 Untersetzer
- 15 x 30 cm Leinen in Mittelbraun
- Transferfolie für Textilien für Laser- oder Tintenstrahldrucker

Zuschneiden
Zuschnittmaße inkl. 1 cm Nahtzugabe.
- Leinen in Mittelbraun:
  2-mal 14 x 14 cm

So wird's gemacht
Die Cocktailnamen, wie für die Cocktailschürze beschrieben, auf 1 Leinenquadrat (= Vorderseite) aufbügeln. Vorder- und Rückseite rechts auf rechts aufeinanderlegen, bis auf eine kleine Wendeöffnung ringsum zusammennähen, Ecken beschneiden und verstürzen. Bügeln und ringsum knappkantig absteppen, dabei wird auch die Wendeöffnung geschlossen.
Auf diese Weise so viele Untersetzer wie gewünscht herstellen.

Cocktail Hugo

Holunderblütensirup: 20 große Holunder-Blütendolden | 20 gr Ascorbinsäure | 3 unbehandelte Zitronen | 1 l Wasser | 1 kg Zucker | **Cocktail für 1 Person:** 10 ml Limettensaft | 1/8 Limette | 20 ml Holunderblütensirup | 2 Minzblätter | 60 ml Prosecco | 60 ml Soda | Eiswürfel

Für den Holunderblütensirup die Zitronen in Scheiben schneiden, alle Zutaten bis auf den Zucker zusammen ansetzen und 48 Stunden lang stehen lassen. Durchseihen und mit dem Zucker aufkochen, bis dieser gelöst ist. Den Saft sofort in vorbereitete Flaschen füllen. Mit Schraubdeckeln (Twist-off®) verschließen, umdrehen und etwa 5 Min. auf dem Deckel stehen lassen.
Für den Cocktail Limettensaft und Limette in ein Sektglas geben. Holunderblütensirup, Minzblätter und Eiswürfel (nach Belieben) dazugeben. Mit Prosecco und Soda auffüllen.

Ein Fall für zwei
Partner-Bistroschürzen

Design by **Sybille Rogaczewski-Nogai**

Material

Für beide Schürzen

- Fester Baumwollstoff, ca. 140 cm breit:
  110 cm in Dunkelgrün
  110 cm in Dunkelrot
  30 cm in Schwarz mit Chili-Motiv

Zuschneiden

Zuschnittmaße inkl. 1 Nahtzugabe.

- Baumwollstoff in Grün und Rot:
  je 1-mal 94 x 100 cm (Schürzen)
  je 2-mal 5 x 100 cm (Bindebänder)
- Baumwollstoff mit Chili-Motiv:
  2-mal 28 x 52 (Taschen)

So wird's gemacht

Für die Bindebänder die Streifen der Länge nach rechts auf rechts falten und die offenen Längskanten zusammennähen. Verstürzen, die Stoffkanten an den Enden nach innen schieben und die Bänder ringsum knappkantig absteppen.

Für die Taschen die Zuschnitte rechts auf rechts zur Hälfte falten (auf 24 x 26 cm), ringsum bis auf eine ca. 10 cm große Wendeöffnung zusammennähen. Die Ecken schräg beschneiden, Taschen verstürzen, bügeln und die Kante mit der Öffnung knappkantig absteppen (= Oberkante).

An den Schürzen die Kanten ringsum je 1 cm einschlagen und umschlagen, bügeln und von der rechten Seite absteppen. Die Bindebänder jeweils seitlich an der Oberkante der Schürze festnähen. Die Taschen jeweils 20 cm von der Oberkante entfernt an der linken bzw. rechten Seite feststecken und entlang der Seitenkanten und der Unterkante aufsteppen.

Tipp: Für ein Kellnertuch ein 50 x 50 cm großes Stoffquadrat ringsum mit je 1 cm Einschlag und Umschlag säumen.

Bandanas

Vorlagen: Bogen B

Material

Für beide Bandanas
- Fester Baumwollstoff, ca. 140 cm breit:
  35 x 50 cm in Dunkelgrün
  35 x 50 cm in Dunkelrot
  20 x 100 cm in Schwarz mit Chili-Motiv

Zuschneiden

Zuschnittmaße inkl. 1 Nahtzugabe.
Die Vorlagen enthalten keine Nahtzugabe, beim Zuschnitt 1 cm Nahtzugabe hinzugeben.
- Baumwollstoff in Grün und Rot:
  je 2-mal Vorlage Seitenteile (Bandanas)
  je 1-mal Vorlage Mittelteil (Bandanas)
- Baumwollstoff mit Chili-Motiv:
  2-mal 10 x 100 cm (Bänder Bandanas)

So wird's gemacht

Die Bogenkanten der Seitenteile rechts auf rechts von Passzahl 1 bis 2 an das Mittelteil nähen. Die Nahtzugaben zusammengefasst mit Zickzackstich versäubern. Die Spitze des Mittelteils sowie die offenen Stoffkanten zwischen Seiten- und Mittelteilen mit je 1 cm Einschlag und Umschlag säumen.

Für jedes Bandana die Mitte des Bandes sowie die vordere Mitte des Mittelteils markieren und rechts auf rechts aufeinanderlegen. Das Band bis zu den rückwärtigen Enden der Seitenteile festnähen.

Die überstehenden Bandenden der Länge nach rechts auf rechts zur Hälfte falten und an den offenen Kanten bis zu den Seitenteilen zusammennähen. Verstürzen.

Das restliche Band der Länge nach links auf links zur Hälfte ins Innenteil falten, dabei die offene Stoffkante 1 cm nach innen schlagen. Das Band von der rechten Seite ringsum knappkantig absteppen, dabei die Naht des Kopfteils nach innen schlagen und zwischenfassen.

Dr. Oetker empfiehlt:

Pizza-Chorizospieße

Zutaten für etwa 16 Stück: 1 Pizza Spinaci | etwa 75 g Chorizo-Salami | 150 g Mini-Mozzarella-Kugeln | 16 entsteinte, schwarze Oliven | 16 Basilikumblätter | **Außerdem:** 16 Holzspieße

Backofen vorheizen (Ober-/Unterhitze: etwa 220 °C; Heißluft: etwa 200 °C). Pizza nach Packungsanleitung backen. Pizza erkalten lassen. Chorizo-Salami in dünne, schräge Scheiben schneiden. Pizza in 16 Tortenstücke schneiden.

16 Spieße stecken: Dazu je eine Olive auf die Spieße stecken. Eine Mini-Mozzarella-Kugel mit einer Scheibe Salami umlegen und auf die Holzspieße stecken. Zuletzt je einen Holzspieß mit einem Basilikumblatt auf ein Pizzastück spießen.

Satt und glücklich
Halbschürze mit Herz

Vorlage: Bogen B

Material
- 70 x 140 cm Baumwollstoff in Blau-Weiß gestreift
- 20 x 140 Baumwollstoff in Blau mit weißen Punkten
- 10 x 10 cm Baumwollstoff in Rot
- 70 cm weiße Spitzenborte mit einer Bogenkante, 5 cm breit
- 70 cm Zackenlitze in Rot

Zuschneiden
Zuschnittmaße inkl. 1 cm Nahtzugabe.

Die Vorlage benötigt keine Nahtzugabe.

- Blau-weiß gestreifter Baumwollstoff:
  2-mal 30 x 70 cm (= A, B)
  2-mal 20 x 120 cm (= C, D)
- Blauer Baumwollstoff mit weißen Punkten:
  1-mal 20 x 140 cm (= E)
- Roter Baumwollstoff:
  1-mal Vorlage Herz

So wird's gemacht
Für die Schürze die Spitzenborte mit der geraden Kante links auf rechts bündig an eine Längskante von Streifen A legen (die Bogenkante zeigt zur Mitte) und zusammennähen. Die andere Längskante je 2 cm ein- und umschlagen, bügeln und von der rechten Seite absteppen.

Für den Volant den Streifen E an einer Längskante ca. 10–11-mal Falten arbeiten, sodass diese nur noch insgesamt ca. 70 cm lang ist. Die gefaltete Kante rechts auf rechts auf den Streifen A über die Spitzenborte legen, die Außenkanten liegen bündig. Volant festnähen, aufklappen und die Nahtzugaben zum Schürzenteil bügeln. Die Zackenlitze von der rechten Seite über die Naht legen und aufsteppen. Die Schürze inkl. Volant an allen offenen Stoffkanten mit je 1 cm Einschlag und Umschlag säumen.

Für die Bindebänder die Längsseiten der Streifen C und D jeweils 1 cm zur linken Stoffseite falten, bügeln. Bänder links auf links zur Hälfte zusammenklappen und beidseitig knappkantig absteppen.

Für den Schürzenbund Streifen B genauso wie die Bindebänder vorbereiten, jedoch noch nicht absteppen. Die Längskanten über die Oberkante der Schürze schieben und diese dadurch einschließen. Den Bund mittig ausrichten, sodass je ca. 5 cm an den Seiten überstehen. Feststecken und von rechts auf der Schürze festnähen, dabei werden die offenen Kanten gleichzeitig geschlossen. Die kurzen Kanten ca. 1 cm nach innen falten, in jede Öffnung je 1 Bindeband ein Stückchen hineinschieben und festnähen.

Für die Applikation das rote Herz lt. Vorlage ohne Nahtzugabe zuschneiden, mittig auf die Vorderseite der Schürze stecken und entlang der Ränder mit dichten Zickzackstich aufnähen.

Lieblingsrezepte-Leporello

Größe: 11 x 16 cm

Material

- 15 x 40 cm Baumwollstoff in Blau-Weiß gestreift (Einband)
- 40 cm Satinband in Rot (Schleife)
- 16 x 22 cm Pappe, 2 mm dick (Einband)
- 15 x 80 cm Papier oder Fotokarton in Schwarz (Leporello)
- 3 x 4 cm weißes Papier (Etikett)
- 4 x 5 cm durchsichtige, feste Folie (Etikett)
- Bastelkleber oder Buchbinderleim

Zuschneiden

Zuschnittmaße (Stoff) inkl. 1 cm Nahtzugabe.

- Blau-weiß gestreifter Baumwollstoff:
  2-mal 15 x 20 cm
- Pappe:
  2-mal 11 x 16 cm

So wird's gemacht

Für den Einschub des Etiketts die Folie an 3 Seiten mit rotem Zickzackstich auf die rechte Seite eines Stoffrechtecks nähen (siehe Foto).

Für den Einband je eine Seite und die Ränder der Pappzuschnitte mit reichlich Klebstoff bestreichen, jeweils mittig auf die linken Stoffseiten der beiden Stoffrechtecke legen und fest andrücken. Die Ränder der Papprechtecke mit Klebstoff bestreichen, den überstehenden Stoff umschlagen und festkleben.

Für das Leporello den 15 x 18 cm großen Papierstreifen im 10-cm-Abstand zickzackförmig falten. Die Innenseiten des Einbandes mit reichlich Klebstoff bestreichen, das Papier-Leporello dazwischenkleben, dabei jedoch zuvor das Satinband auf dem hinteren Pappstück mittig und quer platzieren.

Das Leporello sogleich unter einem großen Stapel Bücher pressen und über Nacht trocknen lassen, damit es sich nicht mehr verziehen kann. Wenn das Leporello vollständig getrocknet ist, ein Etikett beschriften und in die Folie schieben, das Satinband vorne zur Schleife binden.

Tipp: Beklebt mit Fotos und beschrieben mit ein paar Rezepten, wird das Leporello zu einem wunderbaren, persönlichen Geschenk.

Baguette-Salat

Zutaten für etwa 3 Portionen: 100 g Rucola (Rauke) | 400 g Kirschtomaten | 1 Päckchen Dr. Oetker Bistro Baguettes Tomate-Fromage | 2 EL Balsamico Bianco | 1 TL Senf | 4 EL Olivenöl | Salz | frisch gemahlener schwarzer Pfeffer

Rucola verlesen, waschen und abtropfen lassen. Tomaten waschen und halbieren. Backofen vorheizen. Ober-/Unterhitze: etwa 220 °C, Heißluft: etwa 200 °C. Baguettes nach Packungsanleitung backen.

Für das Dressing Essig mit Senf verrühren, Olivenöl kräftig unterschlagen, mit Salz und Pfeffer abschmecken. Baguettes in grobe Würfel schneiden. Zusammen mit Salat und Tomaten auf Tellern anrichten. Mit dem Dressing beträufeln und sofort servieren.

Impressum

Entwürfe und Realisation:
Annette Diepolder (S. 46–49, 50–53);
Jutta Erner (S. 26–29);
Cecilia Hanselmann (S. 22–25);
Katja Lachenmann-Mertel, reichundglückli.ch (S. 58–61);
Beate Mazek, by Bea (S. 18–21);
Cécile Anne Noël, framboise-noël (S. 10–13);
Beate Pöhlmann, Kinderstoffe-Farbenfroh (S. 30–33);
Sybille Rogaczewski-Nogai (S. 14–17, 42–45, 54–57);
Christa Rolf (S. 6–9);
Sabine Schappacher, Sweet Mess (S. 34–41)
Redaktion: Franziska Schlesinger
Lektorat: Claudia Schmidt
Fotografie: Florian Bilger Fotodesign; Blütenstaub/Fotolia.com (S. 52)
Styling: Kerstin Robbin
Vorlagenzeichnungen: Claudia Schmidt
Gesamtgestaltung und Satz: GrafikwerkFreiburg
Reproduktion: Meyle + Müller GmbH & Co. KG, Pforzheim
Druck und Verarbeitung: Himmer AG, Augsburg

ISBN 978-3-8410-6233-8
Art.-Nr. OZ6233

© 2013 Christophorus Verlag GmbH & Co. KG, Freiburg
Alle Rechte vorbehalten.

Sämtliche Modelle, Illustrationen und Fotos sind urheberrechtlich geschützt. Jede gewerbliche Nutzung ist untersagt. Dies gilt auch für eine Vervielfältigung bzw. Verbreitung über elektronische Medien.
Autorinnen und Verlag haben die größtmögliche Sorgfalt walten lassen, um sicherzustellen, dass alle Angaben und Anleitungen korrekt sind, können jedoch im Falle unrichtiger Angaben keinerlei Haftung für eventuelle Folgen, direkte oder indirekte, übernehmen. Die gezeigten Materialien sind zeitlich unverbindlich. Der Verlag übernimmt für Verfügbarkeit und Lieferbarkeit keine Gewähr und Haftung. Farbe und Helligkeit der in diesem Buch gezeigten Garne, Materialien und Modelle können von den jeweiligen Originalen abweichen. Die bildliche Darstellung ist unverbindlich. Der Verlag übernimmt keine Gewähr und keine Haftung.

Hersteller

Stoffe
- GreenGate, www.greengate.dk
- Heimtextil-Major, www.heimtextil-major.de
- Kurt Frowein, www.kurt-frowein.de
- Stoffe Brünink & Hemmers, www.stoffe-hemmers.de
- Westfalenstoffe, www.westfalenstoffe.de

Zubehör
- Freudenberg, www.vlieseline.de
- Gütermann, www.guetermann.com
- Prym, www.prym-consumer.com
- Rayher Hobby, www.rayher-hobby.de

Wir danken der Dr. August Oetker Nahrungsmittel KG für die freundliche Bereitstellung der Rezepte und Rezeptfotos.

Kreativ-Service

Sie haben Fragen zu den Büchern und Materialien? Frau Erika Noll ist für Sie da und berät Sie rund um alle Kreativthemen. Rufen Sie an! Wir interessieren uns auch für Ihre eigenen Ideen und Anregungen. Sie erreichen Frau Noll per E-Mail: **mail@kreativ-service.info** oder Tel.: **+49 (0) 5052 / 91 18 58** Montag bis Donnerstag: 9–17 Uhr / Freitag: 9–13 Uhr

Besuchen Sie uns im Internet: **www.christophorus-verlag.de**